I0214769

LES
BALLONS INCENDIAIRES
ET
LA RÉVOLUTION

PAR

CONSTANT GUIMARD

———•◦•◦•◦-◦-◦•◦•◦•———

NANTES

CHEZ TOUS LES LIBRAIRES

—

1874

NANTES, IMPRIMERIE JULES GRINSARD

LES
BALLONS INCENDIAIRES
ET
LA RÉVOLUTION

On persiste à croire qu'avec de nouvelles fortifications qui vont coûter 200 millions nous allons enfin réussir à rendre Paris définitivement *imprenable*.

Je ne sais pas si de pareilles affirmations seront assez puissantes pour nous jeter encore dans cet état de sécurité funeste où nous avons été surpris par l'Allemagne ; mais l'on peut être bien sûr que cet *imprenable* aura un jour le même sort que le fameux *impossible* d'autrefois ; car, quelque parfait que puisse paraître le nouveau plan, il n'en sera pas moins tout-à-fait insuffisant pour protéger la capitale quand les armées feront usage des canons perfectionnés (1) et même seulement des ballons incendiaires.

Les monuments, les chefs-d'œuvre de l'art, la fortune et la vie des citoyens ne pouvant plus être en sûreté dans une ville assiégée, les gouvernements vont être obligés d'avoir recours à un système de camps fortifiés destinés à remplacer les places fortes qui ne pourront plus échapper à l'incendie qu'en devenant des villes ouvertes.

Cette manière de voir doit paraître bien peu *scientifique* à des hommes spéciaux qui ont passé toute leur vie à contempler de beaux tracés géométriques et à étudier les savantes formules de la balistique ; mais ces personnages, *experts dans la partie,* ne doivent pas oublier que nous avons vu toutes leurs savantes théories renversées par la *brutale* démonstration de 1870-1871. Ils ne peuvent pas ignorer non plus que quelques-uns d'entre eux ont poussé la naïveté *scientifique* jusqu'à prétendre que les canons à

---

(1) Voyez le mémoire *Les Fortifications de Paris et les Armes nouvelles.*

longue portée devaient être plus nuisible qu'utiles à ceux qui les emploieraient. Ces messieurs qui sont si capables pourraient facilement prouver, à l'aide d'une formule algébrique, que les forts sont faits pour recevoir les coups, et qu'il est très-*incorrect* et même très-impoli de détruire une ville sans s'occuper des fortifications ; mais nous savons tous maintenant qu'il en est de la politesse comme de la balistique : en temps de guerre il n'y a pas à s'y fier !

Il ne serait pas beaucoup plus difficile pour des hommes si *compétents* de démontrer, par le moyen d'une autre formule, que Mahomet II fit une chose fort *incorrecte* quand il s'avisa de faire jeter sa flotte dans le port intérieur de Constantinople. Cependant cette grande capitale fut si bien prise, malgré sa triple enceinte de fortification, qu'elle est restée la proie du vainqueur qui aurait pu la détruire s'il n'avait jugé à propos d'y placer son trône, ce qui prouve qu'il y a des procédés *étranges*, comme des armes *incorrectes*, contre lesquels les plus savantes formules ne peuvent rien.

Cette manière de faire manœuvrer les escadres est certainement contraire à toutes les règles de l'art, mais enfin l'entreprise réussit bien et c'était tout simplement ce qu'il fallait aux vainqueurs. Ces gens-là n'étaient que des « butors, » et pourtant ils figureront avec plus d'éclat dans l'histoire que ces armées savantes commandées par des généraux très-savants aussi, mais dont le talent n'a brillé que dans la rédaction des pièces justificatives où ils ont bien solidement établi qu'ils s'étaient fait battre selon toutes les règles de l'art. Un de nos généraux a laissé sérieusement à désirer sur ce dernier point. C'était un très-brave soldat, tout couvert de décorations et qui n'a point trahi, malgré tout ce qu'en a dit le *fou furieux* qui ne s'entendait bien qu'à décréter des calomnies *officielles* et à faire piller la France au nom du patriotisme. Cet intrépide général en chef qui avait conquis tous ses grades à la pointe de l'épée, crut pouvoir se dispenser de faire hacher son armée pour prolonger une guerre meurtrière que l'insurrection du 4 Septembre devait nécessairement rendre fatale à la France. Tout le monde sait qu'il s'en est mal trouvé. D'abord, il a été condamné à périr à la manière d'un communard, puis jeté encore vif dans un fort où la mort serait pour lui une faveur s'il pouvait croire que la postérité ratifiera le jugement qui l'a foudroyé sans le tuer, tout en le dégradant sans le déshonorer.

Cet événement aussi étrange que la plupart de ceux auxquels nous venons d'assister prouve que notre législation est abominablement faussée par l'esprit révolutionnaire, puisqu'elle a imposé à des juges impartiaux l'obligation de condamner à un tel supplice l'un de nos plus grands hommes de guerre, tandis qu'elle laisse la justice désarmée contre un Gambetta qui a tout désorganisé, dans l'armée aussi bien que dans l'administration, et dont la dictature apparaît comme une tache de boue sanglante appliquée sur l'une des pages de nos annales. N'eût-il pas mieux valu interpréter cette loi sévère dans un sens plus en rapport avec la situation tout-à-fait exceptionnelle où s'est trouvé Bazaine après le 4 Septembre ? Quoi qu'il en soit, l'honneur militaire et la profonde reconnaissance que nous devons à l'homme qui verse son sang sur le champ de bataille, exigent que les mesures les plus rigoureuses soient prises pour que l'*homme d'honneur*, par excellence, ne soit pas réduit à la dure nécessité de quitter le drapeau en présence de l'ennemi, ou de violer son serment pour obéir à quiconque s'empare du pouvoir à la faveur d'une insurrection.

L'incident Bazaine n'est qu'un épisode de cette existence toute composée de surprise, qui est l'apanage de la société actuelle. Au milieu de l'agitation fébrile de notre époque, les événements s'accumulent avec une telle rapidité, qu'une nation peut être facilement étouffée si elle néglige de se précautionner contre les éventualités de l'avenir ; voilà pourquoi je me suis décidé à parler de l'usage qu'on peut faire de l'aérostat.

Les ballons incendiaires peuvent être faits avec de la toile ou du papier gommé. Ils doivent être garnis de flocons disposés de manière à étendre l'incendie, sous l'action du vent, après que l'inflammation aura été déterminée dans les airs, par un procédé très-simple, à une distance calculée d'avance, à l'aide d'un ballon d'essai. Les flocons se composent d'étoupe tordue, imbibée d'huile de pétrole et nouée autour d'une petite boîte de poudre dont l'effet sera de lancer, dans toutes les directions, les lambeaux enflammés des flocons tombés sur les toits des maisons et dans les rues. Cet épouvantable engin de destruction pourrait suffire pour incendier les villes, aussi bien que les flottes dans les ports où elles sont maintenant le plus en sûreté, puisque dans une seule journée, par un temps chaud et à l'aide d'un vent convenable, on pourrait lancer une quantité innombrable de ces flocons tombant comme une pluie de feu.

La description et la théorie de ce nouvel engin de guerre ne se trouvant encore dans aucun des manuels à l'usage de l'Ecole polytechnique, il n'est pas impossible que ce travail ne soit d'abord accueilli par certains membres de savantes commissions que par ce sourire narquois que bien des officiers n'oseraient pas affronter, même depuis la perte de nos deux provinces. Mais l'envie de rire n'est pas permanent, à moins qu'il ne soit devenu un symptôme de maladie, ce qui n'inspire plus que de la pitié. Toutefois, comme le prestige des classiques joue assez souvent le principal rôle dans ces sortes de questions, je prie ces railleurs à savantes formules de vouloir bien se rappeler qu'Annibal ne trouva nullement indigne de sa grande renommée militaire d'employer un procédé bien plus *insolite,* et même tellement bizarre que l'officier qui oserait adresser une pareille proposition à nos savantes commissions courrait grand risque d'être envoyé à Charenton, sans même recevoir l'exemplaire autographié de la formule traditionnelle, sorte de mention honorable, dont l'effet ordinaire est de retarder de quelques années l'emploi des nouveaux engins frappés du *veto* scientifique, comme cela est arrivé pour le fusil à aiguille si dédaigneusement rejeté d'abord en France, mais auquel la Prusse doit l'empire d'Allemagne.

Voici ce que nous lisons dans l'histoire d'Annibal : « Il employa un stratagème assez extraordinaire dans un combat naval. La flotte des ennemis étant plus nombreuse que la sienne, il appela à son secours la ruse. Il fit renfermer dans des pots de terre, toutes sortes de serpents, et donna ordre de jeter ces pots dans les vaisseaux des ennemis.... Ceux-ci, d'abord n'avaient fait qu'en rire (1), surpris qu'on employât contre eux de telles armes; mais quand ils se virent environnés de serpents qui sortaient de ces pots cassés, la frayeur les saisit; ils se retirèrent en désordre et cédèrent la victoire à l'ennemi. » Je parierais bien que parmi les hommes à savantes formules, il y en a qui préféreraient se laisser battre *correctement* plutôt que de consentir à employer un procédé aussi peu *scientifique.* La *formule* est

---

(1) Comme des hommes à savantes formules.

pour eux ce que la *République* est pour ces gens qui n'hésiteraient pas un instant à sacrifier la patrie pour cette *chose* qui est si essentiellement le gouvernement de la...... que la présidence pour un Trochu ou un Mac-Mahon, ressemble au bonnet rouge placé sur la tête de Louis XVI.

Franklin disait en parlant du ballon : « C'est un enfant, l'avenir est à lui. » Cette parole prophétique paraîtra n'avoir rien d'exagéré si l'on considère l'emploi que l'homme a su faire de la planche flottant sur les eaux, surtout depuis les grandes découvertes que le génie a faites malgré toutes les résistances de la *science*.

Il est certainement plus facile et moins dispendieux de confectionner des centaines d'aérostats que de construire ces flottes nombreuses qu'une tempête ou un seul combat peut engloutir, en causant des pertes dont les désastres d'Aboukir et de Trafalgar nous ont fait connaître toute l'étendue. L'emploi des ballons incendiaires ne met point en péril l'existence d'un personnel instruit et expérimenté, comme celui sans lequel les flottes ne sont que de peu d'utilité dans les batailles navales, et pourtant il y a déjà tout lieu de croire que pour les sièges des villes, les ballons incendiaires pourraient réduire le canon lui-même à n'avoir plus qu'une importance secondaire, analogue à celle qu'ont les armes blanches depuis l'introduction de l'artillerie dans les armées. En effet, si l'on a pu tirer autrefois un si grand parti du feu grégeois employé comme brûlots ou lancé avec des sarbacanes, que deviendrait une ville sous l'action de ce feu qui dévore le fer lui-même et que l'eau ne peut éteindre? Cependant il est très-facile aujourd'hui de faire tomber ce feu sur une ville assiégée. D'ailleurs la flamme du pétrole est susceptible de recevoir un degré d'intensité bien plus que suffisant.

Le feu grégeois pouvait être employé « sur terre et sur mer, dans les combats et dans les sièges des villes.... Cette préparation se conservait en poudre ou à l'état liquide, sous forme d'huile.... Une fois allumée, l'eau augmentait son activité au lieu de l'éteindre; elle brûlait au sein de ce liquide comme dans l'air.... En 660, Constantin Pogonat, attaqué par les Sarrasins, dut à ce feu sa victoire navale, près de Cyzique, dans l'Hellespont.... Armé de ce feu terrible il brûla la flotte entière des ennemis, montée par 30,000 hommes. » On a perdu le secret de cette composition, mais « sous Louis XV, Dupré de Mayen, chimiste à Grenoble, en inventa un semblable et dont l'essai, fait à Brest, eut un plein succès; le roi récompensa l'inventeur à condition qu'il garderait le secret sur une découverte qui pouvait devenir si funeste à l'espèce humaine. »

Cette mesure, dictée par un sentiment d'humanité, fait honneur au roi, mais elle n'est guère rassurante, car une découverte de cette nature peut être faite inopinément et l'histoire nous apprend que les conquérants ont coutume de mettre tout en œuvre contre une ville assiégée.

Tant que les citoyens ont pu vivre en sûreté, à l'abri de leurs remparts, l'usage de fortifier les villes a été une excellente mesure de précaution, mais il n'en est plus de même aujourd'hui. Il suffit de passer en revue tous les moyens de destruction dont l'homme dispose en ce moment, pour se convaincre que ce système de fortification n'est plus qu'un anachronisme. Il suffirait même de se rappeler que Strasbourg a été incendié par dessus ses *savantes* fortifications garnies d'une *savante* artillerie dont le tir était dirigé par de savants officiers. Car, « Strasbourg, que l'on considérait comme l'un des boulevards de la France, a été pris après un court siége qui n'a coûté aux Allemands que *neuf cents hommes hors de combat.* » Une seule mitrailleuse aurait pu causer autant de mal à l'ennemi sur un champ de bataille. « Vingt-deux de nos places fortes ont été prises et l'ennemi n'a fait qu'à trois d'entre elles l'honneur d'un siége : les autres ont été brûlées de loin sans que la fortification pût même abriter leurs habitants du bombardement. »

Quelle honte pour nos hommes à *savantes* formules de n'avoir pas même soupçonné que leurs *savants* travaux ne serviraient, en réalité, qu'à transformer nos places fortes en prison d'État où le soldat et les citoyens devraient attendre, dans de cruelles angoisses patriotiques, l'instant où le geôlier allemand viendrait prendre possession de la ville fatalement condamnée à se rendre pour échapper à l'incendie ! Cette douloureuse expérience devrait au moins suffire pour montrer la caducité d'un système de défense qui a permis aux Allemands d'enlever tous nos canons avec aussi peu de danger que s'il s'était agi seulement de piller des parcs d'artillerie. Voilà des faits que personne ne peut nier. Malgré cela, nos *savantes* commissions restent enchaînées, par la routine, à peu près comme ces pauvres garnisons que la consigne livrait prisonnières à l'ennemi.

Les nouvelles fortifications de Paris ne paraîtront certainement pas plus parfaites que ne le parurent celles qui existent et qui semblent encore toutes neuves. On sait pourtant que ce chef-d'œuvre si vanté n'a pas même pu mettre notre Panthéon à l'abri des obus lancés par les Allemands, et qu'il n'a eu pour effet que de rendre la dernière guerre beaucoup plus désastreuse. Quand je songe aux ravages des provinces par l'invasion, à l'effroyable dépopulation et aux souffrances de toutes sortes qui ont été la conséquence du siége de Paris, je ne puis m'expliquer comment il peut se faire que des *hommes sensés* conservent encore quelque illusion relativement à l'utilité d'un Paris *imprenable*. Tout le monde se rappelle encore que Paris défendu par un personnel immense, a été pris comme une simple citadelle, malgré toutes les ressources de la science et de l'industrie; mais il y a des gens *très-sensés*, dit-on, qui semblent avoir déjà oublié que c'est parce que la capitale était une *forteresse* que les scélérats de la Commune ont pu se procurer des armes perfectionnées et ce matériel considérable qui leur auraient permis de détruire complétement cette grande cité si Mac-Mahon n'était pas arrivé à temps.

Heureusement pour la France, Paris a été pris; mais voilà qu'on s'est mis dans la tête de dépenser des millions pour faire exécuter de nouveaux ouvrages qui pourront permettre à l'Internationale de nous donner une représentation bien plus grandiose que celle de 1871. Qui donc ne voit pas que la patrie peut être enfin complétement ruinée et déshonorée par ce monstre armé qui prend chaque jour des proportions effrayantes?....

Mais, dit-on, puisque le grand Opéra était insuffisant, ne faut-il pas bien l'agrandir afin de donner satisfaction à l'une des nécessités de notre époque? Le théâtre avant tout!... Le pain après!... C'est le mouvement tournant des apirations païennes : *Panem et circenses!*

Le campagnard qui sue l'impôt ne refusera pas encore de se faire tuer lorsque la grande Babylone, ennuyée de ses plaisirs accoutumés, s'avisera de se régaler d'une nouvelle révolution. L'incendie ne pourra plus être éteint que dans des flots de sang. Il faudra sacrifier une armée entière de nos meilleurs soldats pour sauver la Capitale, comme une riche proie mise en lambeaux par des bêtes féroces devenues presque invulnérables; mais le spectacle n'en sera que plus tragique. L'art ne pourra qu'y gagner et les directeurs du théâtre aussi. Voilà le progrès républicain!!!

Ce que nous avons de mieux à faire maintenant, c'est de choisir les positions stratégiques les plus avantageuses pour y établir des camps fortifiés autour desquels nos armées vaincues pourraient se rallier afin d'arrêter une invasion, ce que ne put faire la France bloquée dans sa capitale en 1870.

Oh! ce n'est pas sans raison que l'un de nos plus illustres généraux s'exprimait avec tant d'énergie à l'Assemblée nationale, dans la séance du 27 mars dernier. Ayant à donner son avis au sujet des fortifications de Paris, il disait en parlant des deux plans proposés : « Je n'approuve ni le système restreint, ni le système étendu. Le premier est mauvais, le second est détestable... Employez votre argent à relever nos effectifs amoindris ; inspirez confiance à l'armée ; qu'elle s'habitue à compter sur son courage plutôt que sur des murailles. »

Le plan « détestable » a été adopté quand même, et l'on va faire exécuter, à grands frais, des travaux qui seront à peine terminés que l'inutilité en sera déjà peut-être officiellement reconnue ; car un nouveau siége de Paris nous serait plus funeste que la perte de ces grandes batailles après lesquelles il ne reste plus qu'à faire promptement la paix. J'ignore si l'Assemblée nationale s'est bien rendu compte de l'importance de son vote, ou si elle a seulement cédé à l'un de ces entraînements irréfléchis qui ne sont que trop naturels à la veille d'un congé. La manière dont ce vote a été obtenu pourrait donner lieu de croire que les commissions refusant absolument de renoncer à l'exécution d'un travail si péniblement élaboré par elle, le ministère a cru devoir dégager sa responsabilité en compromettant celle de l'Assemblée qui n'a pas osé refuser une signature qu'on lui demandait comme une preuve de son patriotisme. On a dit à l'Assemblée : Votre « rôle est celui du bon sens public dans son acception supérieure, » mais vous ne sauriez avoir la compétence technique.

L'argument était péremptoire. Le vote a été accordé sur-le-champ, et l'Assemblée doit être bien convaincue qu'elle a statué en pleine connaissance de cause, puisqu'il y a des commissions chargées de penser pour elle. C'est une seconde édition du fameux vote de la Chambre en 1870. Le rôle de cette grave Assemblée était aussi celui du bon sens public dans son acception supérieure. Foi de commissions, lui avait-on dit, « tout est prêt !... Nous sommes tous allumés !!! »

Je sais bien qu'il n'est ni agréable ni sans inconvénient de mal parler des savantes commissions devenues si puissantes depuis qu'elles ont été chargées de penser pour ce parlementarisme qui a bien autre chose à faire ; mais, entre Français, nous avons bien des choses à nous tolérer, surtout depuis les derniers désastres qui sont restés à notre compte. Car enfin, pendant que nos généraux rejetaient la responsabilité de leurs défaites sur le ministère ; pendant que les ministres s'excusaient sur les *savants* rapports ; pendant que le ministre de la guerre allait demander pardon à son Maître que l'imprévoyance avait détrôné et conduit en exil ; pendant qu'on instruisait le procès d'un maréchal de France, un lambeau de la patrie était déchiré par un vainqueur impitoyable, et nos milliards suivaient *très-correctement* le chemin indiqué par le drapeau tombé des mains de notre héros, terrassé par des armes qui avaient été si *scientifiquement* appréciées par notre ministre de la guerre, qu'on l'avait entendu dire, peu de temps avant la campagne, qu'il souhaitait que Dieu inspirât à nos ennemis de n'en jamais employer contre nous que de pareilles.

À la vérité, c'est surtout aux hommes de guerre que doit incomber la grave obligation de s'occuper des questions militaires, mais l'imprévoyance dont nous subissons tous les conséquences, nous a malheureusement trop bien appris que la dorure officielle ne suffit pas pour nous mettre à l'abri des désastres. En effet, à moins de donner à nos généraux une qualification qu'ils ne méritent pas, il faut bien reconnaître que ces braves guerriers avaient été fort étrangement induits en erreur, quand ils vinrent déclarer à l'Empereur et aux ministres qu'ils étaient sûrs de la victoire, comme M. Ollivier l'a fait savoir au public.

Cette illusion, dont toute la France est victime, devrait inspirer les plus sérieuses réflexions à ces hommes qui portent en leurs mains les destinées de la patrie. Mais malheureusement la routine *scientifique* est devenue une véritable passion. Les plus effroyables catastrophes semblent insuffisantes contre cette manie chronique qui fait rejeter dédaigneusement tout ce qui n'émane pas des *savantes* commissions, comme si l'ennemi devait se faire un point d'honneur d'établir, selon la formule, « une tranchée parallèle à la fortification, » au lieu de commencer par brûler la ville assiégée, tout en fumant tranquillement le cigare ; ou bien encore, comme si une déroute *savante* devait être moins humiliante, qu'une victoire réputée incorrecte, tant qu'elle n'aura pas été mise, par l'École, au nombre des classiques. En voyant que le ministre de la guerre, en 1874, paraît prendre au sérieux l'idée émise d'entourer Paris d'une « fortification en quelque sorte inattaquable, » je me rappelle avec une profonde douleur que le ministre de la guerre, en 1870, acceptait avec une crédulité aussi naïve les idées que lui formulaient les *savantes* commissions. Hélas! qu'est-il arrivé?... Quel Français ne se rappelle encore cette scène si lugubrement tragique qui s'est passée chez nos voisins d'outre-mer, lorsque le maréchal Lebœuf alla faire ses adieux à la dépouille mortelle de l'Empereur ? Quel homme a pu rester insensible à la vue de cet accablement de douleur d'un brave soldat, qui semblait porter en lui toutes les angoisses de la patrie? Il en portait, dans un cœur abreuvé d'amertume, toutes les responsabilités. Cependant on ne peut lui reprocher que de s'être reposé sur autrui du soin de penser pour l'État. Oh! quel terrible enseignement nous donne l'exemple de ce maudit traînant par le monde les malédictions rivées à son nom!... Avis à ces arbitres de nos destinées qui semblent mettre au nombre de leurs priviléges l'habitude de ne jamais penser par eux-mêmes.

Il y eut un jour où le peuple que Dieu aimait se trouva exposé aux insultes d'un redoutable ennemi de Jérusalem et de son temple. Pendant que les deux peuples étaient campés en présence l'un de l'autre, et que les *habiles* gens de la cour étaient eux-mêmes à bout de *finesse* devant cette grande humiliation nationale, un berger vint offrir au roi d'Israël de terrasser l'orgueilleux Philistin dont la puissante armure et la taille de géant répandaient partout la terreur. En toute autre circonstance, une pareille démarche n'eut attiré à ce généreux citoyen que des huées et même de mauvais traitements, mais l'impuissance où se trouvaient réduits les *hommes du métier* fit qu'on accepta la proposition, tout en se réservant peut-être le bénéfice de la moquerie en cas d'insuccès. Néanmoins les *hommes capables* n'auguraient pas bien d'une démarche si contraire aux règles de l'art. Afin que l'action fût un peu moins *incorrecte*, on arma ce jeune homme de pied en cap ; mais il se trouva sous cette armure, à peu près comme un Français dans une enceinte fortifiée. Il quitta cette armure. Il prit sa fronde et quelques pierres. Puis, guidé par son instinct, il s'avance vers l'homme de fer. Il le frappe au front, et l'insolent blasphémateur roule sur la poussière.

Notre situation actuelle a quelque analogie avec celle-là. Nos plus *fins* politiques et nos hommes les plus vaillants sont profondément découragés. Ils ne voient plus de ressource que dans l'épaisseur du blindage. Or, ce n'est que par un procédé tout contraire que nous pouvons espérer de ressaisir la prépondérance que nous avons perdue. Notre ennemi a sur nous, comme le Philistin, l'avantage de la force brutale. Nous avons sur lui, comme le héros d'Israël, la supériorité que nous donne une aptitude qui peut rendre inutile l'armement le plus formidable.

Tout homme a horreur de la mort, mais personne ne la méprise comme le Français sur le champ de bataille. C'est là que l'audace, guidée par le génie, nous fait enfanter des prodiges en décuplant nos forces ! C'est donc de ce côté-là que nous devons diriger toute l'énergie de notre volonté; car si nous dirigions nos ressources et les facultés de notre intelligence du côté des villes *imprenables*, nous nous condamnerions à une infériorité irrémédiable, puisque les Allemands ont en ce moment la supériorité du nombre, de la force et des milliards.

Bien peu de gens sont capables de considérer de sang-froid le spectacle horrible des tueries du champ de bataille. L'observateur reste stupéfait quand il cherche à se rendre compte de ce phénomène contre nature. Il ne peut contempler, sans frissonner, cette résignation avec laquelle les premières lignes attendent une mort certaine et cruelle, que chaque minute rend plus inévitable. C'est effroyable pour quiconque n'est pas familiarisé avec cette scène de carnage; mais il y a encore quelque chose de bien plus étonnant : c'est cette fureur de tuer qui s'empare subitement de ces masses sous l'action de l'étincelle électrique que font jaillir les éclats du clairon. Or, cette *furezia* est justement ce qui nous donne une si grande supériorité à la guerrre. Les Allemands, comme les autres, la redoutent plus que toutes les places fortifiées.

Le Français *casematé* ne peut être qu'un soldat vulgaire; car c'est par l'audace que se distinguent les légions de la Gaule. Il n'y a rien de comparable à l'impétuosité irrésistible de nos armées, quand elles sont conduites par un homme d'audace et de génie.

Il est vrai que ce n'est qu'à de longs intervalles qu'apparaissent ces hommes extraordinaires qui font époque dans l'histoire des siècles. La science n'y peut rien. Rien ne peut suppléer l'inspiration. Il n'appartient qu'au génie de transformer subitement des conscrits en héros. Lui seul sait communiquer ce degré d'enthousiasme qui ne laisse dans le cœur que la fureur de combattre. Lui seul sait rendre embarrassantes pour l'ennemi ces troupes aguerries et formidablement armées, que des généraux, seulement *capables*, croient nécessaires à la victoire. Lui seul sait faire exécuter, avec succès, ces manœuvres audacieuses qui jettent l'épouvante et le désordre dans les rangs ennemis, en déroutant toutes les combinaisons de la stratégie. C'est le secret du génie. C'est un secret que lui-même ne connaît qu'au moment de l'action. L'inspiration brille comme l'éclair au jour de la tempête. Personne ne peut la prévoir. Personne ne peut l'arrêter. Personne ne peut se l'approprier. Passée à l'état de science, elle ne ressemble plus qu'aux aérolithes conservés dans nos musées, et auxquels il ne reste que la propriété de nous causer cette sorte d'admiration mêlée de stupeur, qui est le propre des phénomènes météorologiques. Les *hommes spéciaux* peuvent bien en faire l'objet de leurs savantes dissertations, mais il n'est pas en leur pouvoir de reproduire le météore qui cesse d'exister en entrant dans le domaine de la science.

Bien que la France soit féconde en grands hommes, nous ne pouvons pas espérer cependant d'avoir toujours à notre disposition de ces génies qui valent des armées, car leur apparition n'a rien de régulier. C'est un phénomène qui se produit souvent au moment où l'on s'y attend le moins. Le météore brille. Il éblouit, puis il disparaît en laissant un souvenir dont le merveilleux augmente d'âge en âge.

Ces hommes providentiels sont des instruments extraordinaires que Dieu n'emploie que pour le salut ou la ruine des nations. Ils renversent tout sur leur passage. Ils brisent tout ce qui résiste. Les obstacles les plus insurmontables ne servent qu'à donner plus d'éclat à leur gloire.

Il n'est pas au pouvoir d'une nation de se donner de ces hommes qui dérangent le cours ordinaire des événements en bouleversant les empires; mais elle peut toujours se former d'excellents citoyens dont le patriotisme est souvent plus utile. Leurs actions ont moins d'éclat, mais les avantages qu'elles procurent sont ordinairement plus durables. Or, le meilleur moyen d'avoir des citoyens dévoués à la patrie, c'est d'avoir de bons chrétiens.

Tout le monde sait aujourd'hui qu'une armée de chrétiens devient bien vite une armée de héros sous l'action de la discipline militaire. D'ailleurs la religion seule peut faire disparaître ce qu'il y a d'odieux dans cet ordre inhumain qui envoie des milliers d'hommes à la mort. Le chrétien mourant est un citoyen qui ne quitte ses amis d'ici-bas que pour aller se réjouir avec ceux du ciel. Il ne fait que changer de patrie. Les angoisses de la mort sont pour lui comme les adieux d'un soldat qui reçoit son congé.

Le cœur de l'homme a besoin des joies de la famille. Les fêtes de famille sont les plus belles sur la terre, et pourtant elles ne sont qu'une ombre de celles du ciel. Voilà pourquoi le chrétien reçoit la mort avec joie. Il ne quitte ses frères d'armes que pour aller rejoindre ceux qui l'ont précédé dans le voyage de l'homme vers l'éternité. La consigne l'avait retenu dans les rangs, mais il cède sa place à un autre dès que l'heure du départ a sonné. Il s'empresse d'aller jouir du fruit de ses travaux, loin du tumulte des combats, dans la société des élus. La mort la plus cruelle devient elle-même une faveur, car c'est un sûr moyen de passer directement du champ de bataille au séjour de la gloire.

Un étranger a dit que tout homme en ce monde a deux patries : « son pays natal et la France. » Eh bien, il est beaucoup plus vrai de dire que tout Français a deux patries, la France et le ciel.

Le Français ne peut pas manquer de se plaire en paradis, car il y est tout-à-fait en pays de connaissances. Il y retrouve sa famille ainsi que ses amis qui sont fort nombreux. Il doit y être bien vu aussi, car ses parents et ses amis y occupent des places de distinction. Le Christ régnant est même son ami particulier : *Christus amat Francos*.

Le Français est né pour la guerre, comme l'exprime si bien l'emblème choisi par nos aïeux, les intrépides compagnons d'armes de ces Brennus qui remplirent tout l'ancien monde du bruit de leurs courses aventureuses. Quand il n'a pas d'armées ennemies à combattre, il va se battre en duel, et l'ont sait que dans une seule année, sous le règne d'Henri IV, environ quatre mille gentilshommes périrent dans ce genre de combat qui devient une passion comme une autre.

Lorsque les duels ne suffisent pas, il se met à faire des guerres civiles. Ce sont les inconvénients d'une passion héroïque qui ferait de lui un terrible scélérat, s'il n'était pas catholique. Il faut qu'il soit catholique et guerrier. C'est dans son tempérament. Il mourrait d'ennui si l'on pouvait le condamner à devenir un peuple comme un autre. Il est tourmenté du besoin de se sacrifier pour obtenir les hommages de la terre et les bénédictions du ciel. Voilà pourquoi tous les opprimés trouvent en lui un défenseur désintéressé. Il ne se plaît bien qu'à combattre pour la gloire. La gloire, voilà ce qu'il ambitionne en ce monde et dans l'autre.

Il est le soldat du Christ : *Gesta Dei per Francos*. Il a été donné pour chevalier d'honneur à la Reine des cieux à laquelle la France s'est consacrée : *Regnum Galliæ, regnum Mariæ*. C'est lui qui est chargé de protéger l'Église. C'est sur le champ de bataille de Tolbiac qu'il reçut cette mission providentielle. Plus tard les brillants exploits de Pépin et de Charlemagne la transformèrent en un glorieux protectorat qui a donné tant de prestige au nom français, en identifiant nos gloires avec celles du catholicisme.

Le nom français est salué avec amour partout où le missionnaire a porté ses pas. Les triomphes du catholicisme sont devenus, en quelque sorte, les nôtres depuis que nous avons été chargés de le représenter et de le défendre parmi les nations. C'est à cette alliance divine que nous devons cette auréole dont l'éclat céleste a ébloui tous les regards.

La faute la plus impardonnable de Napoléon III est d'avoir rompu avec les traditions historiques de cette France généreuse qui tient plus à l'honneur qu'à la vie, et qui consentait à ne lui demander compte de rien, pourvu qu'il la conduisît toujours à la gloire. Napoléon III n'était pas méchant. Il aima beaucoup la France, et surtout Paris qui le détestait, mais il avait peur de se faire assassiner par les francs-maçons qui s'étaient avisés de lui envoyer, pour étrenne, les bombes d'Orsini. Il se conduisit en lâche ! Il trahit les catholiques qui l'avaient élevé et soutenu au pouvoir en haine de la Révolution. Il fit, à leur insu, un pacte, une « exécrable alliance avec la révolution européenne, » et ce fut, en réalité, cette ignoble capitulation qui amena celle de Sédan. « Louis Napoléon s'effraya des bombes d'Orsini; on lui supposait plus de grandeur d'âme.... Il était si aveuglé, si soumis aux sociétés secrètes, qu'il répondait au maréchal

Randon, lui conseillant de déclarer la guerre à la Prusse, après Sadowa : *Attendons quelques années, je veux laisser se former une nation protestante qui puisse intimider le Pape et les cléricaux.* »

Qui donc aurait jamais pu croire que ces quelques milliers de francs-maçons auraient suffi pour faire trembler un Napoléon à la tête de cette héroïque armée française dont les drapeaux ont parcouru l'univers en triomphe ! Quel homme de cœur aurait pu supposer un pareil langage dans la bouche de cet Empereur des Français, qui avait sollicité et obtenu, pour son fils, l'honneur d'avoir pour parrain, le Représentant de Jésus-Christ sur la terre !...

Potius mori quam fœdari.

C'est à la chevalerie française du moyen-âge qu'appartient l'honneur d'avoir parfaitement réalisé cette sublime inspiration, en donnant au dévouement et à la mort du héros chrétien, un charme et une poésie jusqu'alors inconnus. Le chevalier se dévouait par serment à la défense de toutes les nobles causes. L'honneur était son drapeau. La gloire était sa récompense. Il y attachait plus de prix qu'aux milliards que les Prussiens nous ont enlevés. Toute l'ambition du chevalier était de recevoir une couronne des mains de sa souveraine. C'est ainsi qu'il doit en être au divin séjour de la gloire !

La sollicitude que notre auguste Protectrice a pour nous n'est ignorée de personne. Cette gracieuse Souveraine s'intéresse à nos triomphes aussi bien qu'à nos malheurs, comme si le sort de l'Église était inséparablement uni à celui de son peuple bien-aimé. Ses avertissements avant et pendant la guerre sont connus de tout le monde. Sa tendresse pour nous est si grande qu'elle n'a pu être rebutée, même par des infidélités comparables à celles qui conduisirent les Israélites captifs sur les rives de l'Euphrate. Nous avons été fort durement châtié, il est vrai, mais pour nous, comme pour les Israélites, les plus grands châtiments sont un véritable bienfait quand l'apostasie est devenue un crime d'État. Nous sommes cependant bien plus heureux que l'enfant de Sion. Celui-ci n'avait que ses prophètes pour fléchir le courroux de Jéhovah, au lieu que nous autres nous avons une Protectrice bien plus puissante au ciel qu'Esther sur le cœur d'Assuérus, et elle veille sur nous comme une mère sur son enfant chéri. Les apparitions de la Salette, de Lourdes et de Pontmain, etc., prouvent combien nous sommes aimés au ciel malgré notre ingratitude passagère.

La France est devenue le pays du miracle. Si elle veut se rendre digne de la mission providentielle qu'elle reçut à Tolbiac, l'Europe pourrait bien devenir, avant peu, le théâtre d'un de ces grands événements que la sagesse humaine ne peut expliquer.

Tout soldat chrétien qui va mourir pour une sainte cause peut s'assurer la couronne du martyr.

La profession des armes est si glorieuse au ciel et sur la terre que Dieu lui-même a voulu se faire appeler le *Dieu des armées*.

Oh! surtout en présence du pitoyable état dans lequel se trouve la France, jadis si florissante, combien n'y a-t-il pas d'hommes qui, à certains moments, seraient heureux de trouver un champ de bataille pour y chercher un adoucissement à leur peine au milieu des enivrements de la victoire!... Hélas! la vie est souvent plus douloureuse que la mort du héros.

Quand bien même l'on ne considérerait le champ de bataille qu'au point de vue philanthropique, on ne pourrait pas s'empêcher de reconnaître qu'il nous est extrêmement avantageux. Pour s'en convaincre il suffit de jeter un coup d'œil rétrospectif sur les calamités de la dernière invasion.

Les pertes et les souffrances du champ de bataille sont comme un total qu'on embrasse d'un coup d'œil. Celles des villes fortifiées ressemblent à ces mémoires détaillés qu'on ne peut solder qu'en se ruinant. Celles-ci sont d'autant plus funestes qu'elles impressionnent moins d'abord. Le découragement suit de près, et les désastres deviennent souvent irréparables. Le soldat français s'énerve dans les villes fortifiées. Il en vient jusqu'à préférer mourir de langueur plutôt que de faire un généreux effort qui pourrait lui conserver la vie en sauvant l'État. Les garnisons succombent. Les places sont pillées. Les armes qui s'y trouvent passent aux mains du vainqueur, à moins qu'elles ne soient perfidement laissées pour faire une révolution comme cela est arrivé à Paris. Il ne reste aux citoyens échappés à la famine et aux épidémies que des souffrances qui durent aussi longtemps que la génération qu'elles déciment impitoyablement.

Eh! qui donc ne voit pas que nos garnisons, avec leur matériel de défense, auraient été bien plus avantageusement employées sur un champ de bataille que dans ces places fortes où nos armées sont venues se faire prendre comme dans un filet? Une bonne armée vaut même beaucoup mieux que les camps fortifiés qui cependant peuvent rendre de si grands services au pays; mais tout cela ne suffit pas pour assurer l'avenir de la patrie. Il faut commencer par rétablir la monarchie traditionnelle, seule capable de servir de contrepoids à l'impétuosité turbulente du caractère français. La plus douloureuse des expériences nous a prouvé que le gouvernement plébiscitaire lui-même est incapable de nous protéger désormais contre la Révolution, qui a dévoré toutes les institutions dans lesquelles on croyait pouvoir l'enchaîner. La Révolution est un monstre furieux qui ne cherche qu'à dévorer la patrie. Il n'y a que le gouvernement monarchique et catholique qui puisse en triompher en France. Le septennat lui-même, en laissant la carrière ouverte à toutes les ambitions, ne peut avoir pour résultat que de préparer un carnaval révolutionnaire un peu plus gras. En politique, comme pour notre armée de Sédan, il y a des situations fausses où le courage ne peut rien, pas plus que les finesses *savantes* et la haute influence du plus expérimenté des ducs. Quand on s'y est laissé acculer, on ne peut qu'y tomber avec éclat en ouvrant un abîme.

Il faut que par un effort suprême nous remontions cette pente fatale où nous a conduits la Révolution, et sur laquelle, depuis quatre-vingts ans, tous nos gouvernements roulent avec le fracas des avalanches.

Sur l'un des plus glorieux champs de bataille qu'ait illustrés la valeur française, Bayard eut l'insigne honneur de conférer, à son roi, l'ordre de la chevalerie. Eh bien, un plus beau rôle encore est réservé au héros que le *premier gentilhomme du monde* a jugé digne d'être appelé le « Bayard des temps modernes. » Cet illustre soldat qui a sauvé Paris de la destruction peut rendre à son pays le plus grand service qui lui ait été rendu depuis Jeanne d'Arc. En rétablissant la monarchie il deviendra le sauveur de la patrie exposée aux mêmes dangers que Paris inondé de sang et livré aux flammes par la Commune. Eh! nous savons que cette grande entreprise n'est pas au-dessus de son courageux patriotisme. Il peut être sûr que le titre glorieux de *père de la patrie* lui sera bientôt décerné par la reconnaissance publique, car le peuple qu'on a si perfidement trompé ne tardera pas à reconnaître qu'Henri V est le seul qui soit véritablement digne de porter la couronne de France, *la plus belle des couronnes, après celle du ciel.* A la France, patrie des héros, il faut un noble caractère, comme celui de ce descendant de nos rois qui a préféré se tenir éloigné du trône plutôt que de souscrire à des conditions que l'honneur ne pouvait ratifier. Par la grandeur d'âme, aussi bien que par la bonté, cet auguste chef de la maison de France deviendra bientôt aussi populaire que le bon Henri IV, dont le nom est resté si cher au peuple.

Il est facile de décréter des amendes et de la prison pour imposer silence au patriotisme ; mais tout cela ne peut rien contre la force des choses.

La confiance ne se décrète pas !

Il ne suffit pas que notre héros promette de se charger de l'ordre. Personne ne suspectera la loyauté de cette promesse ; mais Napoléon III nous en disait tout autant, ce qui n'a pas empêché la Révolution d'emporter son gouvernement comme une bulle de savon. D'ailleurs la mort ne peut-elle pas à chaque instant faire disparaître le seul obstacle qui empêche la radicaille d'assouvir sa voracité ?

Tout Français, aimant la patrie, n'a pu qu'applaudir aux nobles paroles que l'illustre Chef du gouvernement adressait dernièrement aux élèves de l'École de Saumur ; mais nous savons tous qu'il n'est pas naturel que le soldat se fasse tuer pour une idée abstraite. Or, que deviendront l'*abnégation* et le *devoir* quand quelque Rochefort, échappé du bagne, aura remplacé Mac-Mahon mort ou démissionnaire devant une majorité radicale ? Plus d'un symptôme alarmant donne déjà lieu de craindre que l'honneur militaire, abandonné à lui-même, ne succombe enfin aux caresses de la Révolution, si l'on ne se hâte de soustraire le pouvoir à l'ambition effrénée de ces hommes qui ne voient dans l'armée qu'un vil instrument de révolution.

Quand le militaire qui doit toujours être la personnification même de l'*homme d'honneur*, est devenu un mercenaire que l'on caresse et qu'on soûle pour arriver au pouvoir, l'armée ne tarde pas à devenir une vile et brutale soldatesque dont la passion dominante est de faire des Césars, de ces Césars dont les dynasties éphémères ne durent pas plus longtemps que l'ivresse du soldat. Toute dynastie qui doit son origine à une orgie du peuple ou de l'armée, aura fatalement le sort du champignon. Au sortir de sa débauche politique, l'armée ou le peuple ameuté n'a rien de plus pressé que de renverser son idole de la veille. Du nouveau, des *soûleries* et des cadavres de Césars à traîner par les rues, voilà ce qu'il faut à la soldatesque et à un peuple matérialisés. C'est le spectacle navrant que nous offre l'histoire de cette décadence de l'empire romain, où les légions abruties jouèrent un rôle si hideux.

Le plus puissant empire qui fut jamais, disparut avec ses légions comme un champignon pourri.

Le septennat « qui théoriquement n'a pas le sens commun » est comme une oasis où une caravane haletante peut bien stationner, mais où l'on ne peut pas se reposer sans s'exposer à devenir la proie des bêtes féroces du désert. Nous ne pouvons pas y rester plus longtemps sans épuiser inutilement le peu de ressources qui nous restent. Une existence aussi précaire ne peut donner d'espérance qu'à ces animaux carnassiers qui épient le moment où ils pourront saisir leur proie. Aucun Français ne saurait rester indifférent à une pareille situation. Il faudrait être fou pour s'y croire en sûreté ! « On a trouvé des raisons pour le septennat; elles sont absurdes, » et tout le monde le voit bien maintenant qu'il s'agit d'organiser cette conception qui nous a donné, pour gouvernement, une sorte de bateau à soupape où personne ne voudrait rester sans la probité personnelle du maréchal et la confiance qu'il inspire.

Au lendemain du plébiscite, quelqu'un qui observait avec anxiété ce qui se passait alors essaya de faire comprendre au chef de l'État que son gouvernement, fraîchement radoubé, glissait sur la pente d'un gouffre. On n'accorda qu'une attention fort distraite à ces observations dictées par le patriotisme. On estima qu'il était plus digne de la majesté du trône de s'en rapporter aux appréciations mensongères des personnages plus autorisés qui assuraient que tout était pour le mieux; mais, quelques mois après, ce souverain, qui avait été si puissant, connut par sa propre expérience qu'il n'y a pas de peste plus à redouter, pour un État, que la flatterie des courtisans. Traîné dans un wagon de bagage, il répétait, dit-on, avec l'accent du désespoir : « Oh! comme j'ai été trompé !!!! » Eh bien, il suffit d'observer de même, avec attention, la marche précipitée des événements qui se passent en ce moment pour être à même d'annoncer, avec certitude, que nous marchons logiquement à la plus effroyable des catastrophes.

O illustre Assemblée, dépositaire de l'autorité souveraine, hâtez-vous de faire usage des pouvoirs illimités que vous avez reçus. Conférez le titre d'empereur à l'héritier légitime du trône de Charlemagne, de saint Louis, d'Henri IV et de Louis-le-Grand, afin que la France puisse reprendre sa place d'honneur parmi les nations, à l'ombre du drapeau blanc portant avec ses fleurs de lis l'emblème de la Révolution terrassée!

On ne saurait croire maintenant tout ce que la patrie gagnera en influence quand elle sera représentée par cette brillante famille de France, réunie tout entière autour de cette Majesté impériale et royale, la plus auguste qui soit au monde. C'est alors seulement que pourront s'exécuter, sans péril, ces grandes manœuvres de la diplomatie qui, comme les grandes batailles, décident du sort des empires. Sous l'action puissante d'un ministre de génie ayant la confiance de son souverain, nous rentrerons en possession de ce pays d'Alsace et de Lorraine où l'enfant montre son cœur au Teuton pour indiquer la France. Il n'y a pas de Bismark capable d'empêcher ce résultat. Si Bismark cherche réellement l'intérêt de son pays, il s'efforcera lui-même de favoriser ce retour, car il sait bien que sa victoire est due à l'imprévoyance de nos gouvernants, et au concours de certains républicains qui ont trahi la patrie, à la manière de ces orateurs d'Athènes que les satrapes de Perse tenaient autrefois à leur solde. Il doit comprendre maintenant que l'Alsace et la Lorraine deviendront le tombeau de la Prusse, le jour où la France entreprendra de les sauver de vive force. C'est peut-être l'explication des croix mystérieuses qu'on a vues dans ces parages et qui semblent indiquer l'emplacement d'un cimetière.

Les transports de rage de la lionne se précipitant sur le ravisseur de ses petits, ne sont qu'une image bien faible du spectacle que donnera la France quand viendra ce duel à mort, rendu inévitable par la faute impardonnable que Bismark a faite en nous enlevant ces deux provinces. Il y a dans le cœur du Français de ces colères patriotiques qui peuvent aller jusqu'au paroxysme de la fureur. La Prusse serait épouvantée si elle pouvait connaître tout ce qu'elle doit redouter d'une infidélité de la fortune sur un champ de bataille.

Ses hommes d'État, eux-mêmes, doivent être persuadés aujourd'hui qu'elle ne nous remplacera jamais. Il lui est impossible de jouer le premier rôle dans le monde ; même depuis la détérioration morale que nous ont causé les doctrines malsaines qui ont empoisonné les Universités et qui auraient pu nous faire périr, comme nation, sans le contrepoison que le catholicisme a déposé dans nos cœurs.

Conformément à ses habitudes de duplicité, le premier ministre de Prusse paraît vouloir recommencer sa comédie de Compiègne. Pendant qu'il envoie à Paris, pour espion officiel, une Altesse chargée de nous apporter des paroles de paix, il met tout en œuvre pour créer autour de nous des puissances ennemies, qui lui permettront de renouveler sur la France l'assassinat de la Pologne. Cet ambassadeur princier, que Berlin nous envoie, aurait honte du personnage qu'on ose lui faire jouer, s'il avait assez de délicatesse pour comprendre tout ce qu'il y a d'ignoble dans l'infâme système d'espionnage que Bismark avait organisé chez nous, à l'époque où les Allemands étaient reçus, dans notre beau pays, avec toute la cordialité française, comme les enfants de la maison.

Il est étonnant que nos hommes d'Etat, comme ceux de l'Autriche, aient eu besoin de se faire jouer par Bismark, pour s'apercevoir qu'ils avaient affaire à un fourbe. Ils ont joué le rôle piteux de cette pauvre souris qu'on voit entre les pattes du chat sur le blason maternel de Bismark. Leur naïveté mériterait d'être photographiée.

Bismark, Bismark, tu donnerais ta démission, si tu savais combien il est facile de t'écraser comme un........ sous les ruines de ton colossal empire. Fier diplomate, prends note de cet avertisssement, et, quand l'heure de la vengeance aura sonné, tu diras lequel de nous deux a été le plus clairvoyant.

Hérétique ignorant, tu ne sais donc pas que tu n'es qu'un valet au service de Celui qui envoya jadis ton pareil brouter l'herbe comme une bête. Lis donc l'histoire de Charles V, de Charles VII, etc., et tu sauras que la France n'est jamais plus près du triomphe que lorsqu'elle semble perdue. N'oublie pas que la Providence a coutume de nous traiter comme une mère qui répare pendant la nuit les déchirures de la journée.

Notre abaissement momentané est comme une éclipse qui

attriste la nature. Des prières sont chaque jour adressées au ciel pour nous, sur ces plages infidèles où le prestige du nom français sert d'égide aux indigènes convertis, comme sur les bords du Rhin où le protestant de Berlin, qui ne voit dans l'homme qu'un animal de caserne, traite les catholiques à la manière d'un tyran païen.

Nous avons des défauts comme tout le monde, mais nous avons aussi des qualités tellement supérieures, qu'elles font de nous un peuple incomparable. Quand la France présidait aux destinées des nations, des peuples jaloux ne cessaient de nous décrier, sans tenir compte des immenses services que nous avons rendus. Notre chute leur a fait d'abord pousser un cri de joie, mais l'épouvante les a saisis quand ils ont vu toute la profondeur du vide que nous laissons en disparaissant. Cette disparition leur a fait mieux comprendre toute la grandeur du rôle que la France doit remplir dans le monde. Elle aura peut-être pour effet d'étouffer ces basses jalousies que nous attirait notre mérite, surnaturalisé par le catholicisme, qui a jeté sur la France ce vif éclat dont les reflets éblouissants ont illuminé toutes les nations de la terre. On ne pouvait voir sans dépit les hommages rendus au nom français, sur tous les points du globe. Or, cette secrète jalousie s'est déjà effacée devant le dégoût qu'inspire la grossièreté brutale de nos vainqueurs, dont les qualités elles-mêmes dénuées de toute grâce et de toute générosité, deviennent plus insupportables que ces défauts agréables du caractère français qu'on avait tant critiqués. On a déjà pris en dégoût ce sauvage armé de massue, qui traîne la science dans la boue, comme un lambeau de pourpre arraché à la France (1). Il n'est pas de cœur généreux qui ne souhaite en ce moment la prompte restauration de la nation chevaleresque. Que la France réponde à ce désir, et nous démontrerons bientôt aux applaudissements de toute la catholicité, combien le Teuton est peu de chose !

---

(1) C'est une allusion à l'emblème prussien.

4121 — Nantes, Imprimerie Jules Grinsard, rue de la Fosse, 32.

www.ingramcontent.com/pod-product-compliance
Lightning Source LLC
Chambersburg PA
CBHW060930050426
42453CB00010B/1933